# DOBRE SEUS AGENDAMENTOS POR WHATSAPP

## Como Aproveitar Sua Lista de Contatos Para Gerar Agendamentos Extras Todos os Dias

Vitor Felsoza

**Mais Que Um Quadrado**

*Primeiramente a quem me deu nessa vida as experiências e capacidades necessárias para que essa obra se materializasse, nosso Senhor Criador.*

*A minha esposa Patrícia Gouvêa, companheira número 1 nos momentos difíceis, com quem partilho alegrias e vitórias diárias, paciente com minhas chatisses e minha maior incentivadora.*

*Ao meu Pai Wellington, que me ensinou desde cedo a ser cristão, trabalhador e honesto acima de tudo.*

*A melhor vendedora do mundo, minha mãe Regina, que já sabia tudo sobre gatilhos mentais antes mesmo que fossem criados e me ensinou a ser DOIDÃO e pra frentex assim como ela.*

# PODER EM SUAS MÃOS

## Capítulo 01

Caro profissional,

Nesse exato momento você tem nas mãos algo poderoso que vai literalmente alavancar seus resultados em sua profissão. E isso é certo.

Você perceberá que sempre teve a sua disposição uma ferramenta fantástica para gerar agendamentos a hora que VOCÊ quiser, mas que não sabia como utilizar.

Sim! Você ainda não sabe disso, mas talvez essa situação seja mais comum do que você imagina.

Mas, qual situação?

A de ter algo poderoso em mãos, sem saber.

Quer ver?

Veja bem: O mesmo está acontecendo agora com esse livro. Este livro é EXTREMAMENTE poderoso, mas você ainda não sabe disso.

O WhatsApp que sempre esteve ali, nas suas mãos, é EXTREMAMENTE poderoso, mas você também não sabia disso... ainda!

E é exatamente essa situação que nós iremos TRANSFORMAR nas próximas páginas desse livro.

Você aprenderá aqui como construir um mecanismo para gerar agendamentos quando VOCÊ achar conveniente e SEMPRE que você quiser.

Aprenderá como recuperar clientes inativos que estão abandonados em sua lista de contatos.

Como lotar sua agenda com pouquíssimo esforço e, o melhor...

Com CUSTO ZERO!

Em outras palavras: você ganhará mais dinheiro. Simples assim!

E dinheiro é bom! É MUITO BOM!

Te possibilita crescer, expandir seu negócio, investir em cursos avançados e entrar num círculo VIRTUOSO que te fará prosperar cada vez mais, deixando sua concorrência pra traz (e até com um pouco de inveja eu diria).

Mas, o mais legal (e esse sim é objetivo que acredito valer a pena) é poder expressar a sua paixão para um número maior de pessoas, afinal de contas, foi para isso que você estudou, praticou e persistiu até hoje, não foi?

Qual o valor de receber um elogio de um cliente satisfeito? De ver o sorriso no rosto deles? De fazer amizades, contar histórias e terminar o dia com o sentimento de dever cumprido?

Você sabe...

SIMPLESMENTE NÃO TEM PREÇO!

Sim! Aqui faremos tudo isso se tornar mais próximo da sua realidade!

E faremos isso gerando agendamentos extras através do seu WhatsApp – Uma das formas mais rápidas e viáveis que eu conheço para aumentar seu faturamento semanal.

O incrível é que poucos profissionais conhecem este assunto. Enquanto eles estão perdendo grandes oportunidades, você vai se diferenciar!

Sim! Você vai transmitir mais profissionalismo aos seus clientes, ficar mais presente em suas vidas e consequentemente ter muito mais lucro.

Eu não estou dizendo que isso te deixará rico. Também não estou dizendo que este livro é milagroso e será o fator decisivo para o seu sucesso. Não!

Mas uma coisa eu posso afirmar: ele será um passo importantíssimo em sua jornada de aprendizado rumo a estes resultados.

Estou querendo dizer que você estará colocando mais um tijolo na construção do seu castelo para se tornar um profissional que é referência em sua área de atuação.

E para te mostrar tudo que você deve fazer para isso, eu dividi este livro em suas partes:

*Parte 1: Vou te explicar sobre o conceito do método e a organização de sua lista de contatos para que suas ações sejam efetivas e fáceis de realizar.*

*Parte 2: Vou te revelar os PODEROSOS ingredientes que deixarão sua mensagem muito mais CHAMATIVA, a fará despertar o INTERESSE e o DESEJO dos contatos da sua lista e te permitirá gerar agendamentos EXTRAS sempre que você quiser!*

Isso será o suficiente para você entender o PONTO-CHAVE deste material que eu já vou compartilhar com você AGORA, nas primeiras páginas deste livro

Mas antes deu te revelar este ponto mais importante, eu quero que você leia estes 2 perfis de profissionais e diga a si mesmo em qual deles você acredita que mais se encaixa.

Vamos lá?

**Tipo 1:** Você envia, hora ou outra, mensagens para a sua lista de contatos. Você já enviou algumas promoções, aviso de novidades, imagens, ou alguns conteúdos relacionados ao que você faz.

**Tipo 2:** Você DIFICILMENTE envia mensagens para os contatos da sua lista. Talvez por não saber o que escrever, talvez por ter medo de incomodar ou simplesmente por nunca ter pensado no assunto.

E aí, qual destes 2 perfis mais retrata você?

Se você é mais Tipo 1, parabéns! Isso demonstra que você está sempre em movimento e tentando coisas diferentes. Mas... está correndo um sério risco de estar fazendo muita cagada (desculpa a expressão, mas é a que mais se encaixa aqui).

Agora se você está mais pra Tipo 2 (que nunca faz nada), eu te entendo. Até hoje você não sabia como fazer isso e não quis correr riscos desnecessários ou então nunca parou pra pensar nisso.

Eu diria que estes são os 2 maiores obstáculos que impedem as pessoas de se relacionar com sua lista de WhatsApp. O primeiro (não saber o que escrever), acabará por completo quando você terminar de ler este livro. Já o segundo (ter medo de incomodar), merece uma atenção especial.

Por quê?

Porque REALMENTE se você não souber fazer isso do jeito certo, pode sim acabar incomodando e até sendo bloqueado por algumas pessoas (essa é pra você Tipo 1)!

Mas fique tranquilo, uma vez que você entender o PONTO-CHAVE desse conhecimento, verá porque ele funciona tão bem e porque diminui pra quase zero suas chances de incomodar alguém (embora seja importante ressaltar que nem Jesus agradou a todos).

Ahhh, e lembre-se que é sempre melhor se expor e dar a cara a tapa do que ficar parado sem fazer nada (certo Tipo 1? Aliviei pra você agora não foi? risos...)!

Bem, chegou a hora.

Eu vou revelar agora o conceito principal que fará você ter muito mais resultados em seus diálogos no WhatsApp.

Preparado?

É um conceito poderosamente simples de 3 elementos, aí vai:

*Elemento 1: Todo contato na sua lista deve ser organizado de acordo com o ESTÁGIO de relacionamento em que está com você.*

*Elemento 2: Cada contato será tratado de forma individual e diferente dependendo do ESTÁGIO em que se encontra.*

*Elemento 3: ESTÁGIOS DIFERENTES criam GRUPOS DIFERENTES, possibilitando ações em massa com mensagens únicas que conectam.*

Pense sobre isso.
Tente entender o que está escrito acima.

A VERDADE É:

Primeiro: O que as pessoas menos gostam (e o que geralmente incomoda) é receber propagandas! Não é? E é exatamente por isso que propagandas por WhatsApp não funcionam (ou funcionam muito pouco)!

Segundo: Quando você escreve (ou grava um áudio) mencionando coisas que são muito específicas e individuais (exemplo: "Faz tempo que não falo com você...", "Há um tempo atrás você me chamou aqui..."), o receptor da mensagem percebe a interação como se você estivesse conversando DIRETAMENTE com ele e se sente no dever se prestar atenção e te responder.

Terceiro: Quando você tem contatos que se encontram no mesmo grupo de ESTÁGIO, você pode criar mensagens individuais (escritas no singular "Oi, como vai você?" ao invés de plural "Oi pessoal, como vocês estão?") e enviar para todas as pessoas do grupo ao mesmo tempo, dando a impressão que você enviou para uma única pessoa quando na verdade ENVIOU PARA UM GRUPO ENORME DE PESSOAS!

BINGO!

Faz sentido pra você?

Percebe como assim você pode criar uma comunicação efetiva, com pouco esforço, e sem incomodar com propagandas genéricas?

Se não ficou claro ainda, nas próximas páginas ficará...

Então vamos lá!

Nas linhas a seguir deste livro eu vou te detalhar estes 3 elementos por completo. Também lhe darei várias instruções extras para diferentes cenários.

No final, você saberá exatamente o que escrever e quando escrever pra já começar a lucrar! LET'S GOOO!!

# CADA CONTATO VALE OURO

## *Capítulo 02*

É isso aí! Este é o capítulo 02 deste livro e talvez... o mais important-ante de todos!

No primeiro capítulo eu te mostrei o PONTO-CHAVE de 3 elementos e talvez você já tenha entendido que é importante organizar seus contatos de acordo com o ESTÁGIO de relacionamento que eles se encontram com você, e que isso te possibilita a enviar mensagens direcionadas que não são meras propagandas.

Entender isso é muito importante, porque o que você aprenderá aqui não é fazer disparos de publicidade para sua lista.

Não! Pelo amor de Deus, não faça isso!

O que você fará é CONVERSAR com cada contato, conseguindo sua ATENÇÃO e deixando-o verdadeiramente INTERESSADO no que você tem a dizer. Mas tudo isso com o mínimo de esforço e o máximo de resultado!

É com isso que vou te ajudar!

E com isso você conseguirá agendamentos que jamais aconteceriam porque simplesmente você não sabia o que fazer.

Ou seja, você está tendo agora a oportunidade de dar mais um passo em se tornar um profissional de agenda (ainda mais) cheia!

E se você chegou até aqui...

PARABÉNS!

Você já está muito mais a frente do que a maioria dos seus concorrentes, pode acreditar!

Mas o aprendizado está apenas começando.

Agora eu preciso te ensinar quais são estes grupos de ESTÁGIO (para você organizar sua lista do jeito certo), e principalmente... QUAIS SÃO AS MENSAGENS QUE MAIS FUNCIONAM PARA CADA UM DESTES ESTÁGIOS!

Antes de qualquer coisa, você precisa prestar muita atenção nos erros comuns que muitos profissionais cometem e, de uma vez por todas, PARAR DE COMETÊ-LOS (caso você se identifique com algum deles)!

**Erro 01: Não se esforçar para trazer novos contatos para seu WhatsApp.**

É incrível como a maioria dos profissionais tem visão de curto prazo quando o assunto é relacionamento com o público.

"Como assim?"

Vou explicar...

Sempre que você conhece alguém em meios sociais que um dia pode vir a se tornar seu cliente, você tenta estreitar seu relacionamento com essa pessoa trocando seu número de WhatsApp?

Sempre que alguém comenta ou conversa contigo nas redes sociais, você tenta trazer essa pessoa para seu WhatsApp para poder passar mais informações a ela?

Você pulveriza o seu link ou número de WhatsApp em todo lugar para que as pessoas comecem uma conversa com você por lá facilmente?

Se você não faz algumas dessas coisas, você está cometendo o erro 01. PARE AGORA! Ou melhor: comece a fazer o oposto!

Pense no seguinte: Quanto mais contatos você tiver no seu WhatsApp, maiores serão seus resultados! Maiores serão suas chances de conseguir agendamentos EXTRAS! Ponto.

Sua lista de contatos no WhatsApp vale OURO!

Sem dizer que, quando você traz uma pessoa para o WhatsApp a sua chance de transformá-la em cliente é muito maior!

O que você acha mais fácil: transformar um SEGUIDOR em cliente ou um CONTATO no WhatsApp em cliente, hein?

Claro que é muito mais fácil transformar um CONTATO do Whats-App em cliente! Ele está muito mais próximo de você, está ali em contato direto com você, ao seu alcance!

Então vê se toma jeito e a partir de hoje começar a espalhar seu link e número de WhatsApp em todo lugar!

Se torne mais sociável e estreite o relacionamento com o máximo de pessoas possível!

Quando alguém comentar ou conversar com você em alguma rede social, responda-a e acrescente "me adiciona no WhatsApp para eu te falar mais sobre isso!", ou algo assim!

Combinado?

**Erro 02: Não cuidar com muito amor e carinho de cada contato em sua lista**

De nada adianta você se empenhar em trazer as pessoas para seu WhatsApp se você não organizá-las e disparar mensagens de vez em quando para elas.

Tá, eu sei que antes você não sabia disso e seu WhatsApp deve estar uma bagunça! Pessoas "sem nome", com apenas os números aparecendo que você nem sabe quem são! Não é?

Tudo bem, não tem problema.

Nós vamos dar um jeito nisso quando você aprender como organizar sua lista (e principalmente mantê-la organizada daqui pra frente), nas próximas páginas deste livro.

Vai dar um trabalhinho na primeira vez, mas depois um BAITA sentimento de organização e controle que valerá cada minuto investido nessa tarefa, TE GARANTO!

Sem dizer que a ORGANIZAÇÃO é tarefa fundamental para aplicação das dicas deste livro.

Mas relaxa!

Daqui a pouco eu vou te falar como fazer isso de forma fácil e rápida.

**Erro 03: Generalizar respostas e parar de fazer o que deve ser feito**

Esse erro me incomoda um pouco! Espero que você não o cometa!

É TOTAMENTE NATURAL uma boa parte das pessoas apenas "visualizar" suas mensagens e não responderem nada. Isso não significa que você fez errado, ou que você não terá resultados!

Isso faz parte do processo. É como é!

Você vai organizar sua lista em grupos de ESTÁGIOS, escrever mensagens bem escritas, disparar para todo mundo, e depois simplesmente perceber que boa parte não responde!

FAZ PARTE!

Não desanime, não se culpe!

O que você perceberá também é que também há pessoas que respondem e algumas que até agendam, é isso que importa! É por essas pessoas que você faz o que faz!

Eu já presenciei várias situações com meus alunos mentorados que simplesmente NÃO fizeram sentido para mim.

Foi mais ou menos assim:

*Vitor: "Carolina, tudo bem? E aí... como foi a estratégia*

*do WhatsApp, deu certo?"*

*Carolina: "Ahh Vitor... mais ou menos... o pessoal só visualiza e não diz nada!".*

*Vitor: "Hmm... que pena! Mas não conseguiu nenhum agendamento então?"*

*Carolina: "Consegui 17 até agora... mas a maioria não disse nada, acho que teve uma que até me bloqueou!"*

*Vitor: "Carolinaaaaaa... Caaaaarolinaa... você tá me dizendo que conseguiu 17 agendamentos EXTRAS e não tá feliz? É isso mesmo Carolinaaa? Você ta de brincadeira comigo Carolina, era pra você tá pulando de alegria e você me responde dessa forma cabisbaixa assim!! Ahh Carolinaaaa vá catar coquinho na descida!!!".*

Claro que eu NÃO enviei essa última mensagem, mas que deu vontade... deu!

Acho que ficou claro o que eu disse sobre não GENERALIZAR respostas, não é?

Em outras palavras: não é porque uma boa parte da lista só visualizou que você deve desanimar. Não é por causa de 1 pessoa que reclamou, que todas estão bravas.

O que você deve fazer é TESTAR!

FAZER!

## FAZER DENOVO!

Com o tempo você perceberá o que mais dá resultado e o que simplesmente não dá! E aí poderá parar de fazer o que não dá resultado e focar somente naquilo que você percebeu que chamou mais a atenção.

Mas uma coisa é certa: Se você não fizer, nunca saberá!

# OS ESTÁGIOS DE RELACIONAMENTO

## *Capítulo 03*

Ahhhh que ALEGRIA! Chegou a hora de falar sobre os ESTÁGIOS de relacionamento!

Isso aqui vai ABRIR SUA MENTE!

No capítulo anterior você aprendeu sobre os 3 erros que você não pode mais cometer:

> *Erro 01: Não se esforçar para trazer novos contatos para seu WhatsApp.*

> *Erro 02: Não cuidar com muito amor e carinho de cada contato em sua lista.*

> *Erro 03: Generalizar respostas e parar de fazer o que deve ser feito.*

Essas informações são a base para o que virá a seguir.

Nós iremos organizar sua lista de contatos para que você possa se comunicar com sua lista de forma única e ASSERTIVA!

Isso te dará o poder nas mãos de gerar agendamentos EXTRAS naquelas semanas de movimento mais fraco, sabe?

Imagina que acabou de lhe ocorrer um pensamento "Caraca, tô precisando de mais clientes!", o que você faria?

Com meus mais de 10 anos de experiência atendendo profissionais que trabalham com agenda (cabeleireiros, esteticistas, nutricionistas, terapeuras, coachs, etc), eu presenciei algo espantoso!

Eu percebi que a maioria destes profissionais tem esse tipo de pensamento com muita frequência "PRECISO DE MAIS CLIENTES!", mas que... Pasme! A maioria não faz ABSOLUTAMENTE nada pra mudar essa situação.

Você acredita nisso? Simplesmente não dá pra acreditar...

Que bom que você é diferente!

Que bom que você está buscando soluções!

Inclusive quero aproveitar para te dar os parabéns mais uma vez por você ter chego até aqui, VOCÊ É FODA! (ops... desculpe já é o segundo palavrão aqui, foi mal!)

Bem, mas voltando...

Existem 2 caminhos ideais a serem tomados quando você está precisando de mais clientes:

**Caminho de Longo Prazo:**

Neste caminho você toma decisões que irão contribuir para seu crescimento de longo prazo que geralmente não trazem resultados tão imediatos.

> *Exemplos: investir numa nova especialização ou pós, reformar ou mudar de local de atendimento, investir num curso avançado de marketing (eu tenho uns ótimos para te oferecer), fazer investimento em suas mídias sócias para te posicionar como profissional 5 estrelas, etc.*

**Caminho de Curto Prazo:**

Nesta opção você não está preocupado com o futuro distante, e sim com o presente! Você precisa urgentemente de mais clientes e precisa de algo rápido e fácil que dê resultado imediato!

*Exemplos: fazer promoções, fazer anúncios patrocinados no Instagram (dando desconto ou não), conversar com sua lista de contatos, etc.*

Entendeu a diferença entre estes 2 caminhos?

"Mas Vitor, qual caminho você acha que devo seguir?"

Resposta rápida: OS DOIS, É CLARO!

Ambos são importantes, porém, aqui neste livro nos estamos nos concentrando no caminho de curto prazo: GERAR AGENDA-MENTOS RÁPIDOS... PRA ONTEM!

"E qual a melhor forma de conseguir isso?"

Na minha opinião é através de envio de mensagens para sua lista no WhatsApp. YEEES!

Mas você já entendeu que isso não significa sair fazendo propaganda pra sua lista inteira, né?

Pois é...

O problema é que existem muitos profissionais desesperados que quando a água bate na bunda, fazem uma imagenzinha mequetrefe dando desconto e enviam para lista inteira pensando: "O QUE CAIR NA REDE, É PEIXE!"!

Naahhhh...

Como eu disse antes, isso é fazer propaganda!

E o que acontece quando recebemos uma propaganda no WhatsApp?

Geralmente ignoramos...

E se continuar, o que fazemos?

BLOQUEAMOS O CONTATO!

É ou não é?

Aqui eu vou te explicar uma forma diferente de agir para que isso não aconteça com você.

Antes, quero te explicar porque eu descobri que a melhor forma de conseguir agendamentos rápidos é pelo WhatsApp e com a lista que você JÁ TEM.

Em minhas mentorias, o profissional fica cara a cara comigo em chamadas por vídeo-conferência e começa a receber uma sabatina de perguntas.

Eu preciso saber coisas do tipo:

- *Quantos anos de profissão você tem?*

- *Quantas pessoas trabalham com você?*

- *Já fez anúncios patrocinados? Qual foi o resultado?*

- *Quem faz as postagens pra você? Qual processo vocês utilizam?*

- *Já fez campanhas de marketing? Quais? Qual resultado obteve?*

***- Etc... Etc... Etc...***

E sempre perguntei essas coisas para obter um norte de por onde começar, pois minha especialidade sempre foi na criação de conteúdos e anúncios que geram agendamentos rápidos para estes profissionais, e só depois disso começo a trabalhar o posicionamento.

Até que um dia...

Minha queria aluna Ana Paula de Curitiba – PR (um amor de pessoa diga-se de passagem), não seguiu minha orientação de começar pelos anúncios e partiu direto para uma estratégia avançada de WhatsApp que ensino em um de meus TOP cursos, e...

BOOOOOOOOOM!!!

Ela lotou a agenda dela e da cabeleireira que trabalhava com ela com apenas uma sequência de 3 mensagens!

Foram mais de 20 agendamentos para cada uma e tudo com apenas uma única (e a primeira) estratégia que ela fez (o vídeo dela contando essa história encontra-se disponível em meu Instagram).

Depois disso eu coloquei a pergunta: "Quantos contatos você tem na sua lista de WhatsApp?", em primeiro lugar na lista de perguntas que faço para meus mentorados.

E por que agora eu faço isso?

Porque descobri que não faz sentido gastar uma baita energia logo de cara para ir atrás de um público novo, quando se tem uma possibilidade enorme de gerar agendamentos com quem já falou com você antes.

TCHARÃM!!

O resultado disso?

Bem, agora eu sempre começo meus processos de mentoria executando estratégias avançadas no WhatsApp, mesmo se a pessoa não tem muitos contatos em sua lista ainda.

É fácil, é rápido, funciona, e o melhor... É DE GRAÇA!

Faz sentido pra você?

Bom, pra mim fez! E MUITO!

Mas, porém, entretanto, todavia...
Isso só funciona se você organizar seus contatos primeiro, e é por isso que agora vamos falar dos **ESTÁGIOS DE RELACIONAMENTO** e COMO ORGANIZAR SUA LISTA.

Bora?

Então vamos lá!

## Os Estágios De Relacionamento:

Primeiro vou classificar aqui pra você alguns ESTÁGIOS que considero importantes, depois vou lhe dar alguns insights extras para suas próprias criações.

Segue:

**PROSPECTO (PRO):** É o contato que entrou em contato com você mas que ainda não agendou. Sabe aquela pessoa que vem falar com você pra tirar uma dúvida, pra perguntar o preço, ou coisas assim? Então! Esse é o contato que ainda não é um cliente mas está bem próximo de se tornar um. Infelizmente a maioria dos profissionais não "renomeia" esse tipo de contato (pelo menos não antes dele ser atendimento pelo menos uma 1ª vez), mas você fará diferente.

A partir de agora, sempre que alguém te chamar no WhatsApp,

atenda essa pessoa com simpatia, pergunte o nome dela, e adicione em sua lista com a sigla "PRO", antes do nome dela.

*Exemplo: PRO Ana Maria, PRO Angélica, PRO Ricardo, PRO Felipe, etc.*

Você também pode utilizar as ETIQUETAS (caso utilize WhatsApp Business), embora eu prefira utilizar as siglas nos nomes (não me pergunte porquê, mas creio que seja porque eu sempre fiz assim e acabei acostumando, mas vai de gosto!).

**CLIENTE (CLI):** Eu acho que esse ESTÁGIO não precisa de muitas explicações, não é? Mas enfim, é a pessoa que já foi atendida por você e está "ATIVA", ou seja, voltando com uma certa frequência (por menor que seja).

Utilize a sigla "CLI" antes do nome deste contato, ou a etiqueta CLIENTE (caso use WhatsApp Business).

*Exemplo: CLI Bia, CLI Joaquina, CLI Richard, CLI Felisberto, etc.*

**INATIVO (INA):** São os clientes que já faz muito tempo que não voltam, e que agora você já os considera como clientes "perdidos" (embora você aprenderá aqui neste livro como recuperar boa parte deles).

Utilize a sigla (INA) ou a etiqueta INATIVO no WhatsApp Business.

*Exemplo: INA Soraya, INA Josefina, INA Clóvis, INA Felix, etc.*

*Estes ESTÁGIOS que acabei de te apresentar são os mais comuns e ser-*

*vem para qualquer profissão, mas você também pode criar outros, veja:*

**OUTROS ESTÁGIOS:** Talvez seja interessante criar outros ESTÁGIOS dependendo do seu negócio. Uma Nutricionista por exemplo, pode organizar seus contatos pelo número de consultas ou se o retorno já foi feito ou não, basta criar siglas para isso. Alguns dos meus alunos de cursos mais avançados utilizam a sigla "1A", que significa que aquele contato já fez um primeiro agendamento, mas que ainda não é considerado um cliente de fato. Alguns mentorados meus utilizam a sigla (VIP), para destacar os clientes mais especiais e enviar mensagens mais personalizadas/diferenciadas para cada um. Aí vai de você! O importante aqui é entender o conceito e aplicar da forma que você achar melhor pro seu negócio.

*Em alguns casos você pode também criar HASHTAGS para clientes que consomem determinados tipo de serviço, caso queira e seja interessante para você, veja:*

**SERVIÇOS:** Imagine que você é um cabeleireiro e deseja divulgar um Shampoo e Condicionador para loiras, porém, você já sabe que se fizer uma divulgação "normal" ela será mais uma daquelas propagandas que ninguém presta atenção. Então, porque não enviar um texto personalizado somente para quem faz mechas com você? Para isso, coloque a HASHTAG #Mechas após o nome das clientes que consomem este serviço. Exemplo: *CLI Ana Maria #Mechas*, *CLI Angélica #Mechas*, etc... Você pode fazer isso com qualquer serviço que seja interessante saber. Exemplos: CLI Marilene #Progressiva, CLI Paula #Megahair, CLI Maria #Mechas. Você também pode abreviar os serviços de preferir, exemplos: #Prog, #Mega, etc...

Mas calma! Não exagere! Tem informações que não valem a pena colocar se não forem te ajudar com algo no futuro. Além disso, deixará suas clientes com nomes quilométricos sem nenhuma necessidade! Então pense bem antes de criar algo diferenciado que vai te dar mais dor de cabeça do que benefícios de fato, ok?

*O mais gostoso é quando você digita a sigla ou a hashtag que deseja buscar e surge como resultado da busca todos os clientes daquele GRUPO, tudo organizadinho! AI QUE EMOÇÃO!*

## Organizando Sua Lista:

Agora chegou a hora de colocar a mão na massa!

O primeiro passo que sugiro que você faça é pegar um papel e uma caneta e esboçar quais informações você deseja colocar nos nomes dos contatos da sua lista.

Quais siglas você vai utilizar? PRO, CLI, INA... e mais alguma? Você vai utilizar #hashtags após o nome para segmentar seus clientes por serviços ou qualquer outra informação que considere importante? Quais #hashtags pretende utilizar?

Uma vez tendo refletido sobre isso, chegou a hora de abrir o WhatsApp e começar o trabalho!

Vá com calma, um contato por vez!

Abra edite, salve!

Abra, edite, salve!

E por aí vai...

...

EPAAAA!! ESPERE AÍ!!

E quando chegar naqueles contatos de amigos ou familiares, o que fazer?

Resposta rápida: ABSOLUTAMENTE NADA!

Sim, exato! Nos contatos de amigos, familiares e até de empresas ou fornecedores que você tem CERTEZA que nunca serão seus clientes... Você não faz nada! Apenas pule e vá para o próximo, simples assim! Ok?

Depois de terminar sua lista ficará mais ou menos assim:

PRO Ana Bia
CLI Carla Bastos #Crio
CLI Cícera #Dren
CLI Paulinha
Vó Dulce
PRO Amanda
Luís
Cíntia Cunhada
CLI Rogéria Santos
CLI Amélia #Drenagem
Gustavinho
PRO Kátia
CLI Roberta
CLI Aninha

Talvez no começo dê uma certa preguiça de realizar essa tarefa, mas depois de começar você verá que chegará um momento que você irá "engrenar" e o processo fluirá com facilidade.

Talvez você não consiga terminar tudo "numa sentada só", principalmente se tiver muitos contatos em sua lista, mas não tem problema! Faça o máximo que você aguentar e deixe o resto para um outro momento, mas... Não esqueça de terminar!

Lembre-se: organização é fator crucial para que as dicas deste livro funcionem!

A verdade é: Sucesso dói!

Dói por que gera ESFORÇO!

Mas te garanto... A dor do esforço é mil vezes mais leve do que a dor da frustração!

Então, não pense duas vezes e... Mãos a obra!

# MENSAGENS PODEROSAS



Uhuuuul!
Você *tá* arrasando!

Parabéns por ter chego até aqui, você é uma pessoa decidida que realmente merece ter mais agendamentos!

Eu já estou até vendo as pessoas lhe respondendo no WhatsApp:

"Eu quero!"

"Eu queroooo!"

Porque agora...

O ASSUNTO VAI ESQUENTAR!

Você viu no capítulo anterior que não faz sentido pensar em atrair clientes novos sem antes aproveitar de maneira profunda o que você já tem em mãos: os contatos do seu WhatsApp!

Você aprendeu com mais detalhes o conceito de **ESTÁGIOS DE RELACIONAMENTO**, e que eles devem ser sinalizados no nome de cada contato, seja por SIGLAS ou por ETIQUETAS.

**PROSPECTO (PRO):** *Pessoas que nunca foram atendidas por você.*

**CLIENTE (CLI):** *Atuais clientes que mantém uma frequência (por menor que seja).*

**INATIVO (INA):** *Clientes que a muito tempo não voltam.*

E ainda outras classificações que achar conveniente.

Agora vou entrar no assunto que REALMENTE vai fazer diferença pra você, te trazendo agendamentos EXTRAS e mais LUCRO!

Vamos falar das MENSAGENS que você poderá enviar para cada grupo de estágio!

YEAAH!!

Sabendo o que dizer para cada grupo, você poderá criar estratégias pontuais sempre que desejar, seja para recuperar clientes INATIVOS, seja para conseguir gerar um 1º agendamento de um PROSPECTO ou simplesmente fazer seus atuais CLIENTES voltarem mais rápido ou adquirirem um serviço diferente.

Utilizando as mensagens com os ingredientes que vou te ensinar neste capítulo, você conseguirá criar conexão e não ser ignorado como a maioria das propagandas enviadas por WhatsApp.

O melhor é que com esses ingredientes a sua mensagem fica atraente e chamativa, aumentando drasticamente suas chances de seduzir o receptor.

O resultado disso?

Mais dindin pra você!

Uma vez que você aprender o que vou ensinar aqui, não terá mais como você desaprender, ou seja, você levará esse conhecimento com você... pro resto da sua vida!

Ahhh...

Eu já ia me esquecendo de um detalhe importante (mas que VOCÊ nunca poderá esquecê-lo)!

No capítulo anterior eu falei como ORGANIZAR sua lista, mas tão importante quanto organizá-la, é mantê-la organizada!

Então leia o que vem a seguir com muita atenção.

## Como Manter Sua Lista Organizada

Com o passar do tempo sua lista começará a ficar desatualizada: CLIENTES começarão a ser considerados INATIVOS, alguns PROSPECTOS acabarão se tornando clientes, e é muito provável que você consiga recuperar INATIVOS que voltarão a ser clientes.

Bem, isso irá bagunçar a organização inicial que você fez, então, o que fazer?

O mais simples é você ficar sempre atento para atualizar cada contato sempre que ele muda de estágio, ou seja, se você acabou de finalizar o atendimento para um contato que estava como PROSPECTO em sua lista, imediatamente abra seu WhatsApp e o atualize para CLIENTE, simples assim!

Você também deve fazer o mesmo para um cliente que estava INATIVO e resolveu te visitar novamente. Assim que ele for embora, abra e atualize.

Porém...

NA PRÁTICA A TEORIA É OUTRA!

Fatalmente uma hora ou outra nós nos esquecemos de fazer essas edições e alguns contatos começam a ficar desatualizados. É triste mas é o que acontece.

Também há o problema dos CLIENTES que com o passar do tempo acabam ficando INATIVOS e isso é difícil de controlar, portanto... Uma revisão periódica se faz necessária!

**É aqui que entra o segredo!**

Vou te explicar como fazer isso de uma forma muito mais útil:

Sempre que você for começar o processo de planejar quais mensagens irá enviar em determinada semana, abra sua lista de WhatsApp e comece a rolar para baixo olhando atentamente cada contato, ao mesmo tempo reflita se são necessárias algumas atualizações.

Você perceberá que o ato de verificar sua lista para realizar possíveis atualizações, poderá te dar boas ideias sobre com qual grupo de estágio você quer se relacionar nessa semana e como será sua abordagem.

Fez sentido?
Vou dar um exemplo prático para você entender melhor:

Vamos supor que hoje é segunda-feira e você decide enviar algumas mensagens pra sua lista.

Você ainda não sabe com qual grupo vai falar e nem o que dizer, mas tudo bem.

Você abre seu WhatsApp e começa a rolar seus contatos sem pretensões.

Você vai descendo, descendo, descendo...

E de repente percebe que há um contato com a sigla PRO que agendou com você na semana passada mas que você esqueceu de renomear...

OPAAA!

Vamos atualizá-lo então!

...Pimba!

Ok, contato atualizado!

Então você continua descendo, descendo...

E aí começa a perceber que a quantidade de clientes INATIVOS em sua lista é muito grande e pensa "Preciso fazer alguma para reativar esses clientes!"...

...BINGOOOOO!!!

Olha só o que aconteceu: o ato de rever sua lista acabou te dando uma ideia sobre o que fazer... Sacou?

Sendo assim você poderá dar uma revisada em sua lista 1 vez por semana, sempre que for fazer alguma ação com algum grupo específico.

Se você manter esse ritmo, perceberá que o processo de manter sua lista sempre atualizada ficará bem mais fácil, pois não acontecem tantas mudanças em apenas 7 dias, certo?

Isso é bom também porque sempre te deixará presente para essa possibilidade de interagir com sua lista, refrescar o conhecimento que você está tendo com esse livro e aperfeiçoar sua técnica com este processo.

Agora vamos ao que interessa!

## Os Diferentes Tipos De Mensagens Para Cada Grupo De Estágio.

Não faz sentido você fazer toda essa organização se você nunca se comunicar com sua lista.

Chegou a hora de você aprender como fazer isso em grande estilo, do jeito certo, do jeito que funciona e te trás resultados de VERDADE (e o melhor: sem incomodar sua lista com propagandas mequetrefes).

Eu aconselho que você se concentre em interagir com apenas 1 grupo de estágio de cada vez, dando intervalos de tempo entre uma interação em massa e outra, por exemplo:

Se essa semana você decidir conversar com seus clientes INAT-

IVOS, da próxima vez que você resolver fazer uma ação em seu WhatsApp converse com os PROSPECTOS, futuramente sua próxima tacada terá como alvo os CLIENTES, e assim por diante. Compreendeu?

Entendido isso, chegou a hora de entender os ingredientes dessas mensagens!

São eles:

*INDIVIDUALIDADE*

*CONEXÃO*

*AUTOVALORIZAÇÃO*

*CONVITE*

*OFERTA*

*ESCASSEZ/URGÊNCIA/AÇÃO*

Vou explicar cada um deles em detalhes logo abaixo.

Te garanto que só de entender os ingredientes você já terá várias idéias para aplicar.

Veja:

**INDIVIDUALIDADE:**

Um dos fatores que irá diferenciar suas mensagens de uma simples propaganda é o ingrediente da INDIVIDUALIDADE, que nada mais é do que você escrever como se estivesse falando com apenas 1 pessoa e não várias (mesmo que você resolva fazer um disparo em massa através de encaminhamentos ou listas de transmissão).

> *Nunca, mas nunca mesmo, escreva mensagens no plural do tipo: "Olá pessoal! Tudo bem com vocês?", ao invés disso utilize: "Olá! Tudo bem com você?".*

Lembre-se:
Para que as pessoas não te ignorem, elas deverão ter a impressão que você escreveu a mensagem unicamente para elas.

Claro que mesmo assim poderá acontecer de algumas apenas visualizarem e não responderem nada (principalmente os PROSPECTOS), mas dessa forma você tem muito mais chances de obter respostas pois, pelo senso comum, é até falta de respeito não responder alguém que lhe dirigiu a palavra, certo?

## CONEXÃO:

O ingrediente de CONEXÃO também vai ajudar (e muito) a diferenciar suas mensagens de uma simples propaganda, pelo fato de utilizar as informações do grupo de ESTÁGIO.

Este ingrediente está no início de praticamente todas as mensagens que você irá enviar.

Ele se baseia em você literalmente comentar sobre o nível de estágio do contato, para que ele perceba que você está dando uma atenção especial a ele e aos outros contatos que estão na mesma situação.

Você dirá assim:

*Para CLIENTES: "Oi, tudo bem? Estou enviando essa mensagem só para você e mais para algumas clientes especiais aqui da minha lista..."*

*Para PROSPECTOS: "Olá! Como vai? Eu lembro que há um tempo atrás você me chamou aqui no WhatsApp mas acabou que não nos falamos mais. Assim como você também tenho alguns poucos contatos aqui em que o mesmo ocorreu..."*

*Para INATIVOS: "Oie! Quanto tempo! Eu estava dando uma olhada aqui na minha lista e encontrei você e mais alguns clientes que há tempo não vejo..."*

Entendeu?

Veja como é poderoso utilizar os ingredientes de INDIVIDUALIDADE e CONEXÃO ao mesmo tempo. Fica praticamente impossível não dar atenção para uma mensagem que começa assim! Concorda?

## AUTOVALORIZAÇÃO:

Normalmente nessas mensagens nós teremos que dar um desconto ou bônus para termos mais força para conseguir o agendamento. Porém, antes disso não podemos nos esquecer de nos VALORIZAR para não passarmos a impressão de desespero.

Por isso é importante colocar algumas frases que transmitam seus pontos fortes ou suas conquistas recentes antes de fazer o convite com o desconto/bônus.

Exemplos:

*"Esses últimos dias eu tenho ficado muito feliz com o feedback de minhas clientes, então resolvi..."*

*"A cada dia que passa percebo o quanto minhas clientes estão satisfeitas com meu serviço de __________, então achei apropriado..."*

*"Esse mês estou comemorando uma marca histórica de quantidade de atendimentos e por esse motivo..."*

Colocando essas frases em suas mensagens você fará o receptor pensar "Poxa, esse profissional está tendo sucesso, logo deve ser realmente muito bom no que faz!".

Isso será o gancho perfeito para prepará-lo para o convite que vem a seguir.

**CONVITE:**
Este ingrediente é o que finalmente revela qual é a sua intenção com a mensagem: convidar o contato para um agendamento!

Aqui devemos criar uma lógica com todo o contexto da mensagem, exemplos:

*CLIENTES: "Então eu gostaria de te fazer um convite especial para que você também conheça esse serviço..."*

*PROSPECTOS: "Então eu gostaria de oferecer uma condição especial para que você finalmente conheça meus serviços".*

*INATIVOS: "Então eu pensei em fazer uma condição bem especial para não perdermos o contato".*

Perceba que deve haver uma lógica clara do início ao fim da mensagem.

Até aqui, você gerou conexão e já demonstrou uma baita atenção e carinho especial com a pessoa, ao mesmo tempo que autovalorizou seu trabalho.

Ou seja: o cenário perfeito para oferecer seus serviços já está criado!

**OFERTA:**
Chegou o momento no texto em que você finalmente faz a OFERTA!

Você dirá de forma bem clara qual é a sua proposta, que poderá ser um DESCONTO, BÔNUS ou... os DOIS!

Isso vai variar de acordo com o ESTÁGIO do contato, vou explicar porque:

*CLIENTES: Teu objetivo com os atuais clientes deve ser apenas 1 destes 2, o primeiro: fazer o cliente voltar mais rápido e não dar espaço para a concorrência, OU o segundo: fazer o cliente adquirir um serviço ou produto que ele ainda não tem o hábito de consumir. Portanto, você não precisa dar grandes descontos, as vezes 5%, 10%, 15% ou 20% já são suficientes, mas fica a seu critério. Você também pode oferecer algum serviço bônus ou mimo ao invés do desconto, ou até os dois juntos.*

*PROSPECTOS: Aqui você deve ser AGRESSIVO e oferecer algo realmente irrecusável. Descontos de 30%, 50%, 70% e as vezes até de GRAÇA (dependendo do que que você irá oferecer) são uma boa opção. Lembre-se, teu objetivo não é lucrar de imediato, e sim fazer esse contato vir te conhecer. Não pense no lucro agora, pense em demonstrar seu trabalho para uma pessoa que estava ali perdida em sua lista.*

*INATIVOS: Se teu cliente não te procura mais, de duas, uma: ou ele encontrou outro profissional melhor/ mais barato, OU está sem dinheiro (priorizando outras coisas), portanto dar um bom desconto (20%, 30% até 50%) também faz total sentido aqui. Você também pode oferecer um bônus junto ao desconto para deixar a proposta ainda mais atrativa, pois teu objetivo é recuperar o cliente e não só o lucro imediato.*

A oferta é o pilar principal de sua mensagem, é ela que mais influencia na tomada de decisão do receptor.

Quanto mais agressiva, maiores são suas chances de gerar agendamentos, fazer novos clientes e recuperar clientes perdidos.

É importante lembrar que antes do desconto você utilizou o ingrediente de AUTOVALORIZAÇÃO, então não passará a impressão de desespero, pelo contrário, você estará deixando claro que essa é uma oportunidade oferecida por alguém que está vencendo o jogo.

## ESCASSEZ/URGÊNCIA/AÇÃO

Por fim, fechamos a mensagem com esse poderoso ingrediente 3 em 1!

Este é o ingrediente que fará o receptor da mensagem agir imediatamente!

Quantas vezes nós até nos interessamos por algo mas pensamos "Quem sabe depois" ou "Depois eu decido isso", e muitas vezes nos esquecemos disso e nem sabemos que nos esquecemos!

Saiba que você poderá perder muitos agendamentos se não utilizar esse ingrediente exatamente por esse motivo: seu contato deixará para depois e... acabará esquecendo!

Então para evitar isso, utilize esse ingrediente dizendo que somente os primeiros que responderem terão acesso a essa oportunidade (gerando urgência), e que as vagas são limitadas (gerando escassez). Também deixe claro o que ele precisa fazer para aproveitar a oferta, ou seja, te responder (ação)!

Exemplo:

> *"Por ser uma condição bem especial, só será válida para os 3 primeiros que me responderem aqui! Vê aí e me diz... ok?"*

Duas coisas importantes aqui:

1 - Perceba o tom bem pessoal e informal no desfecho da mensagem, isso também é extremamente importante.

2 - Veja que a mensagem termina com uma pergunta "ok?" (que também poderia ser "o que acha?" e coisas parecidas), mostrando que essa mensagem tem realmente a intenção de abrir uma interação com o receptor e espera a continuidade do diálogo.

## Resumindo Tudo:

Eu imagino que só de entender quais são os ingredientes utilizados nas mensagens você já teve várias ideias legais para usar, não é?

Você viu que deve falar no singular e não no plural: "Oi, tudo bem com VOCÊ?".

Que deve comentar sobre o nível de estágio da pessoa para gerar conexão: "Eu estou enviando essa mensagem pra você e mais pra alguns clientes que já faz um tempinho que não retornam".

Que deve se autovalorizar: "Este mês meu negócio atingiu um pico histórico de atendimentos, e não quero deixar ninguém pra trás".

Em seguida fazer um convite: "Por isso resolvi te escrever com uma proposta bem diferenciada".

Seguido de uma oferta: "Estou te oferecendo 50% de desconto nos seguintes serviços:... e ainda um serviço bônus!"
Concluindo com urgência, escassez e ação: "Só que devido ao grande desconto, farei somente para os 3 primeiros contatos que me responderem aqui, combinado?"

E com tudo isso, imagino que você agora tenha uma boa base para escrever suas mensagens e gerar agendamentos EXTRAS de verdade!

## Dicas Importantes

### Utilize um grupo vazio

Antes de enviar suas mensanges para os contatos, escreva-as e edite-as em um grupo vazio em que você pode enviar mensagens a vontade pra verificar como estão ficando sem que ninguém veja.

Para isso, crie um grupo de WhatsApp com 1 pessoa qualquer (seu conjugê ou filho por exemplo), e logo depois de criá-lo remova a pessoa do grupo de modo que você fique só.

Eu dou o nome de "Laboratório" pra este grupo e sempre fico escrevendo e reescrevendo minhas mensagens por lá antes de oficialmente encaminhá-la. Fica a dica!

### Lista de transmissão OU Encaminhamento?

Eu não recomendo utilizar listas de transmissão, a não ser que seja com o grupo de ESTÁGIO dos CLIENTES e olhe lá!

Jamais utilize listas de transmissão para se comunicar com PROSPECTOS e INATIVOS! Mesmo que você os separe em listas separadas, não vale a pena!

Vou explicar porquê...

A lista de transmissão é falha, não entrega sua mensagem pra todo mundo. Além disso, ela NÃO vai entregar suas mensagens de jeito nenhum para quem não tiver salvo seu contato na agenda.

Levando em consideração que a maioria dos PROSPECTOS não adicionaram você na lista, e que os clientes INATIVOS podem ter trocado de número (ou ter até te deletado da lista), é bobagem utilizar isso com eles.

Se quiser utilizar com seus CLIENTES, tudo bem. Mas eu ainda prefiro encaminhar as mensagens de 5 em 5 contatos. Dá trabalho mas é mais assertivo! Aí vai de você...

No começa era bem chato, mas atualmente eu peguei tanta prática nesses encaminhamentos que até gosto de fazer...

É tipo uma terapia pra mim (só que ao invés de pagar pra fazer sou eu quem recebe! risos...)!

# VÁ MAIS LONGE

## Capítulo 05

Agora que você aprendeu como organizar e interagir com sua lista e descobriu quais são os ingredientes que tornarão suas mensagens muito mais atraentes e assertivas, eu tenho um próximo passo para você.

Mas atenção, isso só lhe será útil se você estiver preparado para atender uma quantidade bem maior de clientes por semana.

É uma proposta para você turbinar em até 10x seus resultados com o WhatsApp, utilizando sequências de mensagens já prontas pra gerar agendamentos em massa.

Aqui você aprendeu como organizar e enviar mensagens mais personalizadas para cada ESTÁGIO de relacionamento com sua lista.

Utilizando os INGREDIENTES certos, deixará suas mensagens extremamente poderosas e não com aquela cara horrível de propagandinhas.

Com isso, certamente você terá mais agendamentos e consequentemente mais LUCROS a cada mês!

No final das contas, você perceberá que o valor que você investiu para ter acesso a este livro foi muito baixo.

Afinal de contas, você tem o resto da sua vida para gerar pelo menos 1 agendamento extra e já recuperar todo o investimento feito aqui.

Inclusive gostaria que você pensasse sobre isso agora:

Você percebe o quanto é realmente bom investir em conhecimento (de qualidade) que retorna teu investimento em 10, 100 ou até 1000 vezes?

Pois é, mas agora eu tenho uma outra pergunta pra te fazer...

Você gostaria de aprender uma forma de vender qualquer serviço de um jeito que praticamente ninguém faz?

E que tal fechar 10, 20 ou até 30 agendamentos, de um serviço de alto valor que você oferece, de uma só vez?

Você gostaria disso?

Eu imagino que sim...

Com o método que posso te ensinar, é possível gerar mais de 5000 reais de lucro numa tacada só!

Vejo isso acontecer direto!

Só que isso é somente para profissionais que gostam de coisas um pouco mais complexas e tem facilidade de entender conceitos ou pouco mais aprofundados.

Se este não for o seu caso, você já encontrou boas dicas nas páginas anteriores e talvez seja melhor parar por aqui.

Mas se você quer mais, eu posso te dar mais.

Quer saber como é?

Você se lembra que te contei aqui neste livro que atualmente a primeira coisa que faço com meus alunos de mentoria é executar estratégias AVANÇADAS no WhatsApp?

Pois é, eu utilizo com eles um método de envio de SEQUÊNCIAS de mensagens que divulgam qualquer serviço do jeito certo, de forma muito atraente que ao mesmo tempo desperta um DESEJO enorme nas pessoas da sua lista.

O resultado é uma chuva de mensagens "EU QUERO!", de várias delas.

Durante todos esses anos eu testei e aprimorei esse método que hoje se encontra em sua melhor forma, funcionando extraordináriamente bem e gerando lucros exorbitantes para vários profissionais como você.

A notícia boa é que agora ele também pode ser seu.

Te apresento...

### *WhatsApp 2 em 7!*

O Método Que Te Possibilita Executar Estratégias Avançadas Para WhatsApp Que Geram *2 Dígitos* de Agendamentos em Apenas *7 Dias!*

Esse é o "cara" que foi o responsável por gerar 15, 30 e até 50 agendamentos de uma só vez para vários dos meus alunos nos últimos meses.

E você, por estar lendo esse livro terá um grande PRIVILÉGIO que vou revelar daqui a pouco.

A verdade é que depois que você conseguir alguns agendamentos EXTRAS, certamente vai se perguntar "O que mais eu posso fazer para LUCRAR ainda mais?", "E agora, qual é o próximo passo?", e infelizmente não saberá a resposta para nenhuma dessas 2 perguntas.

Por isso estou aqui.

É da nossa natureza sempre querer mais.

E isso é BOM!

Principalmente quando a cada passo dado estamos aprendendo mais, atendendo mais pessoas, satisfazendo mais pessoas, e nos realizando profissionalmente (e também realizando nossos sonhos, é claro!).

Essa é a minha missão: Ajudar você a expressar seu talento e conhecimento para um número cada vez maior de pessoas, e de formas cada vez melhores.

E você agora tem minha admiração e respeito por ter chego até aqui.

Muitos profissionais não tem essa garra de ler um livro até o final, o que é triste e ao mesmo tempo bom também (pois demonstra que sua concorrência é mais fraca do que você).

Por isso, meus parabéns mais uma vez!
Continue assim!

A proposta que vou te fazer agora é exatamente para isso:

***Disparar Sequências de Mensagens que Divulgam e Valorizam um Serviço Seu Do Jeito Certo e Geram DEZENAS de Agendamentos Instantâneos de Uma Só Vez!***

É isso que você quer?

É isso que você terá!

Mas...

Eu não estou dizendo que isso é algo simples!

Nãããoooo mesmo!

Eu levei anos aprimorando este método pra torná-lo aplicável por qualquer um, e te garanto que essa tarefa não foi nada fácil.

Por ele custar bem mais caro, também não está facilmente disponível no mercado. Somente poucos profissionais o conhecem até hoje.

Por isso eu diria que ele é algo mais PREMIUM, algo mais VIP por assim dizer.

E ele é extremamente poderoso por aliar duas grandes forças:

01 - Estratégias avançadas para atrair pessoas interessadas para seu WhatsApp todos os dias (e aumentar sua lista rapidamente)

02 – Estratégias avançadas com SEQUÊNCIAS de mensagens que geram muitos agendamentos de uma vez.

Perceba o termo "SEQUÊNCIAS" pois é isso que torna mensagens em ESTRATÉGIAS, e esse é um dos grandes PODERES deste curso.

O PODER está em criar uma sequência de mensagens que explicam sobre seu serviço aos poucos enquanto entretem os receptores, gerando expectativa e interesse nas pessoas, sem incomodar.

Você terá acesso a essas estratégias avançadas de WhatsApp com brincadeiras, desafios, lançamentos, oportunidades, novidades e muito mais.

E ainda por ser um curso dentro de uma plataforma, terá acesso a todos os meus modelos com as mensagens já prontas, pra você não ter trabalho algum com isso.

YEAAAA!!

Tudo mastigadinho pra você!

Você só vai precisar copiar, colar, editar o essencial e meter lenha!

Moleza, não?

Está tudo lá: vídeos explicativos, textos prontos, o passo a passo de como fazer.

Além disso, estarei adicionando novas estratégias por lá sempre que surgierem (mas somente as melhores, aquelas que realmente geraram 2 dígitos de agendamentos para vários alunos, várias vezes).

O curso é online, e uma vez que você o adquire ele é seu!

Você poderá ver e rever quantas vezes quiser.

E você realmente DEVE e irá QUERER utilizá-lo para SEMPRE!

Ele será seu manual passo a passo de como lotar sua agenda a qualquer hora, sempre a sua disposição.

"Ok, mas quanto isso vai me custar?"

Eu já ví vários alunos lucrando mais de 5000 reais com apenas 1 das estratégias deste curso, então você deve imaginar o valor que ele tem para mim.

Além disso, ele é um curso com várias "receitas" pra usar várias vezes. Então imagina o tanto de lucro que ele irá te proporcionar ao longo dos anos: 20 mil, 50 mil, 100 mil? Não faço ideia...

Mas indo direto ao assunto...

Se você acessar nosso site verá que o preço do curso é de 12 x 69 reais (ou R$ 697 à vista), e que se for analasisar por tudo que ele oferece, não é um preço tão caro assim.

Certamente com a execução de apenas 1 estratégia você já recupera todo esse valor. Uma pechincha.

Mas eu disse agora pouco que por você ter lido este livro e demonstrado que realmente é um profissional dedicado, terá um PRIVILÉGIO MAIOR, e o que já está barato... ficará ainda MELHOR!

(A verdade é que eu faço um preço menor para os leitores pois sei que eles já fizeram um investimento para ter este livro então merecem um desconto especial, e também porque sei que se eu fizer uma condição REALMENTE IRRESISTÍVEL com certeza você vai comprar, vai ganhar mais dinheiro... e eu também! No final, todo mundo ganha)

Então sem mais enrolação...
Para você não ter desculpa alguma pra não aproveitar essa oportunidade agora, você poderá adquirir o curso "**WhatsApp 2 em 7**" completo por apenas 12x de 29 reais!

Sim, 29 reais por mês... o preço de uma lanche na esquina da sua pracinha (e que só te engorda e não trás retorno financeiro algum! Risos...).

Você também pode pagar R$ 297 à vista no boleto ou cartão se preferir...

**Para isso basta realizar a compra em:**
**www.vitorfelsoza.com.br/w27-desconto**

Eu não sei por quanto tempo vou deixar essa promoção ativada. Ela pode esgotar a qualquer momento.

Talvez se você clicar e o link não estiver no ar, é porque já esgotou.

Se ainda estiver ATIVA, compre já!

Não deixe pra depois, não corra o risco de perder esse grande desconto.

Se vale a pena?
As vezes com 1 ou 2 agendamentos que você conseguir já paga todo o curso, e tudo que virá daí pra frente (pelo resto da sua vida), é LUCRO LIVRE!

Não tem como recusar. Não faz sentido adiar.

Peço desculpas se você já adquiriu o curso antes no valor de R$ 697, mas eu realmente precisava fazer um preço especial para os leitores deste livro, e sei que você (mesmo pagando mais caro), não se arrependeu de forma alguma.

Além disso, a leitura desse livro em combinação com as estratégias do curso lhe trazem uma vantagem muito maior, pois o livro lhe trouxe toda uma base e o curso oferece todo o material passo a passo já pronto e validado.

Com os dois, você sai na frente da concorrência e começa a fazer ações que ninguém faz (ainda).

"Quem chega primeiro, bebe água limpa."

O que significa que o quanto antes você começar a aplicar, mais resultado terá por estar inovando. E amanhã depois se outros profissionais também começarem a fazer, todo mundo vai dizer que copiaram de você!

**Então não pense duas vezes e acesse:
www.vitorfelsoza.com.br/w27-desconto**

Agora você tem duas opções:

1 – Usar o que aprendeu aqui neste livro e conseguir um agendamento hora ou outra (o que é bom pois pelo valor que você investiu para ter esse livro já demonstra que você fez um ótimo investimento), mas como eu disse no começo deste livro, não é isso que te fará enriquecer de verdade.

Você ainda não sabe como aumentar sua lista diariamente, nem como utilizar estratégias mais avançadas com sequencias de mensagens que geram dezenas de agendamentos de uma só vez. E agora sabendo que essa possibilidade existe você não vai fazer nada? Não acho essa uma boa opção.

Mas ao invés disso, você poderá optar pela segunda (o que eu sugiro que você faça)...

2 – Adquirir agora o curso **"WhatsApp 2 em 7"** e já começar com algo muito mais rápido e poderoso! Neste caso você terá sim que fazer um investimento, mas pequeno e de rápido retorno.

Pensa comigo: o preço que você pagou por este livro, valeu a pena?

Se um livro neste preço pôde te ajudar tanto, imagina o que curso no valor de 697 reais não poderá fazer! Ahhh... mas que você ainda terá um grande desconto e pagará somente R$297!

Pense nisso.

Então reformulando:

Imagine o que um curso com vídeos explicativos, estratégias avançadas com desafios, brincadeiras, oportunidades, novidades, vários outros ingredientes que você ainda não conhece, não pode fazer por você!

Imagine o que um curso com sequências de mensagens com os textos todos prontos, vários e vários modelos pra você só copiar e colar, o passo a passo completo para vender qualquer serviço em grande estilo e transmitir muito mais profissionalismo, trará de resultado imediato pra você, e ainda por muito tempo!

E ainda por apenas 29 reais por mês...
É uma oportunidade enorme, você tem que concordar!

**A melhor opção AGORA é acessar e adquirir:**
**www.vitorfelsoza.com.br/w27-desconto**

Muito obrigado pela leitura deste livro e espero que tenha lhe ajudado!

Se quiser dar mais este passo, conte comigo!

Será um prazer continuar ao seu lado.

Um abraço!

*Vitor Felsoza*

www.ingramcontent.com/pod-product-compliance
Lightning Source LLC
Chambersburg PA
CBHW060944130726
48001CB00003B/1058